En bok om livet i stort
och smått

En bok om livet i stort och smått

Johan Olsson

Förlag: BoD – Books on Demand, Stockholm, Sverige

Tryck: BoD – Books on Demand, Norderstedt, Tyskland

ISBN: 978-91-7463-059-6

Tid

Tiden är vår tids lag.

Allt handlar om tid och pengar.

Utan tid blir det kaos.

Ordning, reda, punktligt.

Allting.

Vi åldras, passar tider, anpassar
oss.

Efter tiden.

Klockan tickar.

Eller går den.

Klockan slår.

Hinner vi?

Ingen pardon, ingen hänsyn.

Springa, stressa, gå i rulltrappan.

Rusa, springa, hetsa, jaga tid.

Hur ska det gå?

Kyrkklockorna ringa.

Prästens klocka tickar.

Tid för gudstjänst, tid för bön.

Predikan tar tid.

Nattvarden är på tid.

När vi varit färdigt i kyrkan känner
vi oss lättade.

Talat till Gud, hört prästens
predikan, tagit emot nattvarden,
allt på rätt tid.

Upp på morgonen.

Trött och slut, matt i kropp och
själ.

Kaffebryggaren tar 3 minuter.

Duschen tar 20 minuter.

Äta filmjölk tar 5 minuter.

Klockan på väggen tickar.

Bussen avgår klockan 7.

Först klä sig och stoppa ner
matlådan i väskan.

Ta på sig skorna.

Låsa dörren, går ner för trappan.

Går till bussen och den kör iväg
precis i tid.

Tid är viktigt, hela vår tillvaro
bygger på tid.

Tid skapar också sjukdom, ångest,
stress och problem.

Men tid är nödvändig.

Tid är osynlig.

Tid är svårt förstå.

Tiden går även om vi stänger av
våra klockor.

Vi åldras, grödorna växer, korna
behöver mjölkas, vi kanske
behöver hinna någonstans i tid.

Till ett möte, till en kärlek, till
kyrkan, till ett tåg.

Världen fungerar inte utan tiden.

Och klockorna behövs.

Träd

Vägen kantas av träd.

En hel skog.

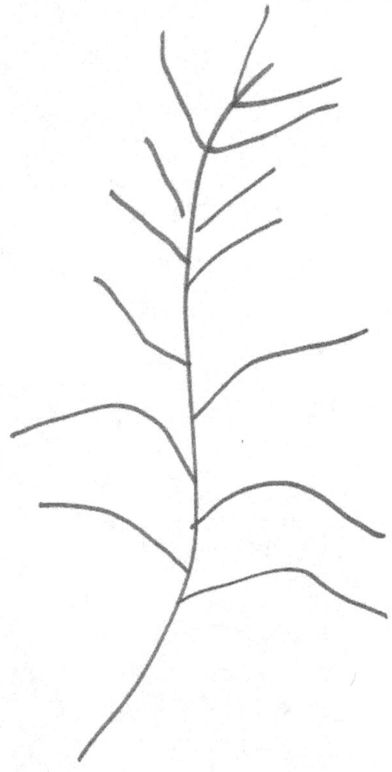

Träden är stora och höga, fulla av
grenar och barr.

Stammarna är täckta av bark.

Saven rinner nerför träden.

Kottarna hänger där de hänger och
faller allt eftersom ner till marken.

På vintern är träden snötäckta.

Det är kallt.

Rimfrost på stammarna.

Barnen leker under trädens skydd.

De leker med kottar.

De bygger en koja.

Leker i snön.

Under träden.

På sommaren kommer kottarna till
nytta.

De blir till kossor och hästar med
små pinnar som ben.

Barkbåtarna flyter iväg längs
vårfloden i vägkanten.

De flyter iväg i all sin prakt med
löv som segel.

Kommer ner i dikets strömmande
vattenfåra.

Åker ut i bäcken, vidare ut i ån.

Träden växer i hundrade år.

De blir höga, täta, breda och rejäla.

När tiden är kommen ska de
huggas ner.

Skogsmaskinerna bullrar.

Sågspånet yr.

Med ett brakande ljud faller trädet
ner på marken.

Kapas, forslas bort, klyvs, sågas,
blir till virke.

Virket blir sålt.

Virket blir till brädor som hyvlas
och spikas upp till takstolar.

Det nu döda trädet blir till hus.

Andra träd ger oss papper till
böcker.

Vi eldar upp träd i våra hem.

I skidbacken.

Vid den frusna sjön där vi pimplar
fisk.

Kärlek

Den upptäckte vi i barndomen.

Kärleken.

Kärleken till vår mor.

Kärleken till vår far och våra
syskon.

Ömhet, närhet, kel.

Att veta att jag är älskad, att någon
finns för mig.

Kärleken följer oss genom livet.

Men allt för många saknar en
uppväxt i riktig kärlek.

Många hittar kärleken senare än de
flesta.

En del hittar aldrig kärleken.

Varken som liten eller stor.

När fann Du din första kärlek
någon annanstans än i Din
barndoms familj?

Var det den söta jämnåriga flickan
i förskolan?

Eller blev det killen i högstadiet?

Eller läraren i sista året på
gymnasiet?

Förbjuden kärlek, har Du haft
någon sådan?

Vad är förbjuden kärlek?

Vem ska få bestämma vad som är
rätt och fel?

Homosexualitet

För många otänkbart.

I alla fall att tänka sig pröva vara.

En del äcklas och fördömer.

Andra accepterar.

Att vara annorlunda.

Det är inte lätt.

Vad ska vara normen i samhället?
De flesta? Men vad är normalt
egentligen?

Har alla rätt att känna sig normala?

Varför ska man sätta osynliga
etiketter på sina medmänniskor?

Alla är vi lika mycket värda.

Vi är alla jämlika egentligen.

Men mänskligheten är inte sådan.

Vi kategoriserar, jämför,
rangordnar.

Hierarkier

Status

Förtryck

Mobbing, både i barndom och i
vuxen ålder.

Fördömanden

Klanka ner på andra.

Se ner på vissa medmänniskor.

Trakasserier och förtryck.

Utanförskap

Tiden läker inte alla sår.

Samhället förblir detsamma.

Det sätter sina spår.

Istället:

Gemenskap

Snällhet

Godhet

Krig

Krig är mänsklighetens börda.

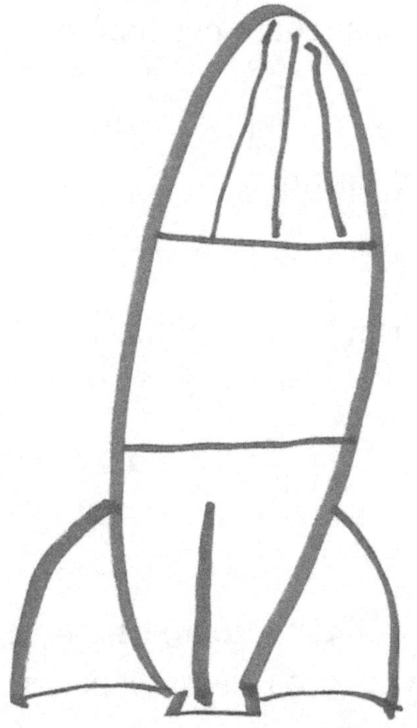

Ett stort fel i människors hjärnor.

Byggt av tusenåriga rivaliteter,
flockbeteende, hävd av revir,
jaktmarker, åkrar, kreatur.

Världens ledare bestämmer.

Folket får lida.

Ut i krig, fastän de inte vill.

Lida, leva i smutsen.

Vara skräckslagen hela dygnet,
hela veckorna, flera månader,
kanske år.

Familjerna är hemma, i
skyddsrum, i raserade städer.

Lever ständigt i skräck.

Bomber faller.

Invasionen är nära.

Soldater dör.

Civila människor lider.

Skolor bombas.

Kyrkor likadant.

Sjukhus jämnas med marken.

Av stora flygplan.

Vem bestämmer?

När är kriget slut.

Varför måste människor kriga?

Om det finns ett slut på lidandet.

Om vi kan bli sams utan
förstörelse och död.

Varför måste vi börja kriga?

Är det roligt kriga?

Nej inte för civila eller de flesta
soldater.

Vem vill tvingas döda?

Vem vill tvingas skada?

En del är beredda att döda, det är
en självklarhet och något de gör
för att känna stolthet, att ha tjänat
sitt land.

En del kan döda hundratusentals
människor utan att tveka.

Njuter de som får döda om de
bedömer det nödvändigt?

Tror inte det, hoppas inte det.

En del människor älskar att utöva
våld.

Vissa människor dödar många
under sitt liv, helt lagligt.

Hur kan det kännas?

Likgiltigt? Kanske för vissa.

Jag vet inte hur det känns, vill inte
veta.

Döda ligger på slagfälten, i
skyttegravarna, i bunkrarna.

Döda ligger i städernas ruiner.

Gamla, unga, barn, sjuka, gravida
kvinnor.

Människor kommer upp ur
skyddsrummen till ruiner, livet är
förstört, inget finns kvar.

Är det värt det?

Hur kan vuxna människor som
blivit valda att styra sina länder
bete sig så?

Vad driver dessa människor?

Psykopati?

De är kanske självutnämnda
världspoliser? Som vill känna
stolthet och bli hedrade av en hel
värld.

Olja, det svarta guldet.

Bränslet till hela världens
maskinerier.

Den kanske viktigaste
komponenten i samhället.

Utan olja fungerar nästan
ingenting.

Olja är rikedom, makt, det vet alla.

Olja föder osämja, hat,
anspänningar i samhället.

Utan olja kanske inget krig.

Solen

Solen, strålar från rymden.

Värmer, belyser och ger möjlighet
till liv.

Ger oss värme, källa till välmående
och glädje.

Den är livsnödvändig, ger en
vacker värld.

Vi kan inte leva utan den.

Den skapar ljus på dagen och
lämnar mörker åt oss på natten så
vi sover bra.

Längst upp i norr skiner solen
under en lång period varje år hela
dygnet.

Då finns inget mörker.

Fjällen

Fjällen vi har i Sverige.

De allra nordligaste.

Norr om Kiruna.

De är gudomligt vackra.

Vita, fulla av snö och is på vintern.

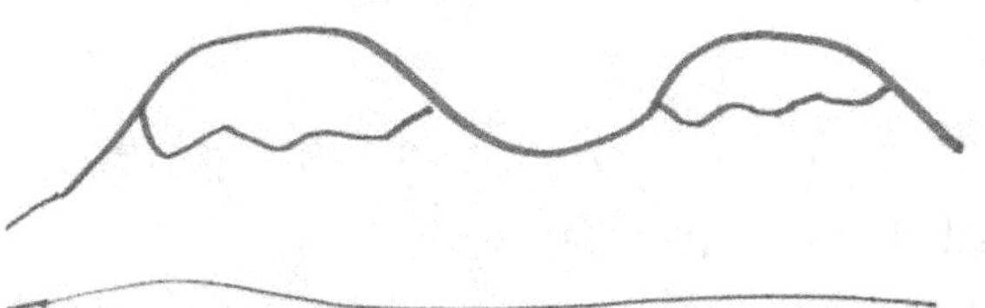

Solen glittrar i den vita marken.

Bländande vit.

Berg och dalar.

Skidbackar

Åka skidor i mörkret.

Se norrskenet dallra på himlen.

Stjärnklara nätter, vinter och
njutning.

Smältvattnet porlar nerför fjällen
på försommaren.

Det blir grönt nedanför fjällens
snötäckta toppar.

Sjöar, vattendrag, låga träd och
gröna buskar.

Stigar, vandringsleder, fjällstugor.

Fjällvandrare

Fiskevatten

Fiske

Laga mat på spritkök ute i det fria.

Steka sin nyfångade fisk över
öppen eld.

Bada i en kall fjällsjö.

Basta i fjällstugans bastu.

Gå på utedass.

Få skoskav.

Sova i tält under bar himmel.

Höra vindens brus.

Hitta nya vänner.

Umgås

Hus

Hus skyddar oss.

Hus håller oss varma.

Hus skyddar våra ägodelar.

Hus är vårt hem.

Alla har inte ett hus.

Men andra kan låta oss bo i sitt
hus.

Vi kan få bo flera i någon annans
hus, många till och med.

Vi måste oftast betala för att få bo.

Hus är dyra.

Att få bo i en del av ett hus kostar
också.

Konkurrensen är hård.

Alla vill bo.

Många vill tjäna pengar.

Får inte alla människor bo i ett hus,
eller i en del av ett hus tjänar
många människor mängder av
pengar.

Pengar är makt.

Hur ska folk kunna bo, känna
trygghet, hålla sig varma,
förverkliga sig själva, klara sig
själva.

Bli självständiga.

Komma nära sina nära och kära.

Flytta långt bort och börja på nytt.

Kunna arbeta där det finns jobb.

Många är helt utan ett fast tak över
huvudet.

Bostadslösa finns många.

Vem ska hjälpa dem?

Vem har råd ge pengar?

Ska inte staten se till att alla
invånare har ett hem, ett tak över
huvudet?

Det är förnedrande att inte få hjälp.

Att inte få någonstans bo.

Jag tror inte att någon egentligen
har valt att bli utan hus, eller
förmånen att bo i en del av ett hus.

En del har eget hus, äger det själv.

De har trädgård, växter, träd,
uteplats att sitta på under
sommaren.

Många människor har egen pool
att bada i ute i trädgården.

Husen är oftast väl underhållna,
fina, moderna, ombonade och
trevliga.

Bostadslösa hänvisas till
trappuppgångar, soprum, sova på
gatan under viadukter och
brofästen.

Knarket blir ibland räddningen.

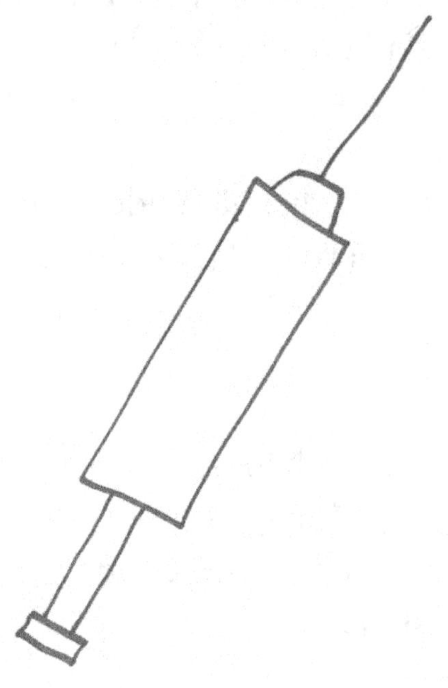

Knark

Knarket är världens gift.

Början på ondskan.

Pengar är här allt, ingen av de
inblandade skyr några medel för
att odla, framställa, sälja och locka
nya missbrukare att pröva.

Knarket blir för en del en tröst, ett
lugn, en välbehagskänsla.

Många vill testa för att det verkar
häftigt och "coolt".

Andra blir pressade av kompisar.

Fort är de fast i giftets beroende.

De stjäl, de säljer sig, de lånar
pengar, utpressar, gör inbrott och

misshandlar och dödar för att
kunna köpa sitt knark.

Gängbildning

Sjukdomar

Utslagna blir de som knarkar.

Knarket håller gängen samman.

De krigar med varandra.

De som inte vill eller hoppar av
råkar illa ut.

Många dör, de som inte dör av
knarket dör i mord eller självmord.

Hela samhällen körs i botten.

Städer, områden och förorter blir
bråkiga och stökiga.

De som inte knarkar får lida.

Ingen kommer undan.

Miljön

Pappersförpackningar

Plastpåsar

Kartonger

Rengöringsmedel

Industriavfall

Mediciner

Kemikalier

Tvättmedel

Olja

Bensin

Flygbränsle

Kol

Batterier

Allt detta förstör vår värld, vår
jord, den som vi bor på.

Vi förstör för kommande
generationer.

Det går inte att göra ogjort.

Jorden är förstörd för alltid.

Sopbergen

Giftet i vattnet.

Utdöende djur.

Skövlade skogar.

Förtunnat ozonskikt.

Högre UV-strålning med hög
cancerrisk som följd.

Luftföroreningar

Smältande is, glaciärer, polarisen.

Cancerfallen är många.

Förgiftning av jordens mylla.

Giftiga hav, sjöar och vattendrag.

Grundvattnet blir dåligt.

Detta går inte att göra ogjort, det
går inte att reparera.

Det enda vi kan göra är att sluta
förstöra vår jord.

Men det tar tid att ställa om
världen till ett miljömedvetet
samhälle.

Många länder gör detta bra men
många andra länder fortsätter värre
än tidigare med miljöförstöringen.

Vad kan vi andra göra åt detta när
inte alla av världens ledare tycker
något behöver göras åt
miljöförstöringen som hela tiden
pågår?

Lycka

Vad är lycka?

Är lycka att leva?

Är lycka att ha en familj?

Att vara älskad.

Att vara omtyckt av andra.

Att förverkliga sina drömmar.

Att bli något man vill vara.

Är lycka att resa? Att se andra
länder?

Är lycka att sitta ute i solen en fin
sommardag?

Är lycka att sitta med sin kärlek på
en parkbänk och titta ut mot
solnedgången hand i hand?

Kan lycka vara ständig, för evigt?

Jag tror inte det.

Lycka kan ta slut.

Man kan bli sjuk, skadad i en
olycka.

Därefter kanske ingen lycka finns
kvar.

Lycka är något att verkligen
eftersträva.

I alla fall att kunna känna lycka
ibland.

Gärna känna lycka i grupp,
tillsammans vid matbordet, i
omklädningsrummet, på restaurang
eller vid en fest.

Skratta

Skratta är viktigt.

Att skratta ger Dig lycka.

Vi måste lära oss skratta mer.

Ibland kan det nästan löna sig att
skratta åt ett elände som hänt.

Skratt löser spänningar.

Skratt gör att oro, spänningar och
sorg lättar.

Att skratta är lycka, även om den
är kortvarig ibland.

Drömmar

Att drömma kan man göra på
dagarna.

Drömmer gör vi alla på nätterna.

Inte alla drömmar kommer vi ihåg.

Drömmar kan kännas obehagliga
och hemska.

Vi kan vakna svettiga och rädda
mitt i en hemsk mardröm.

Drömmar reparerar vår hjärna,
sorterar intryck vi utsatts för och
hjälper till att hela våra själar.

En del nattliga drömmar
förverkligar våra drömmar.

Tänk att på natten drömma en
verklighetstrogen dröm om att göra

något man alltid längtat få göra
men inte kan förverkliga i vaket
tillstånd.

Ibland är det ledsamt vakna upp ur
en dröm.

Drömma gör vi alla ibland på
dagarna, vi dagdrömmer.

Att dagdrömma kan vara farligt.

Vi kan tappa uppmärksamheten på
det som är viktigt hålla reda på.

Dagdrömmar

Att drömma om något som man
vill ska förverkligas.

Att längta.

Att fantisera.

Det kan vara uppbyggande och
kreativt, ge nya idéer, lösa våra
problem i tillvaron.

Självförverkligande

Nästan alla drömmer om att förverkliga sig själv.

Uppnå sina drömmar.

Att kunna uppnå sina egna mål i livet.

Att hitta vänner att trivas med.

Att hitta kärleken.

Att utbilda sig till något intressant yrke.

Att hitta ett jobb, en bostad att trivas i.

Att kanske bilda Din egen familj, skaffa barn, kanske köpa ett hus.

Skaffa en fin bil.

Kunna resa dit Du vill.

Klä dig som Du vill.

Bete dig som Du vill, nästan.

Vad är viktigt för just Dig?

Resa

Att resa är ofta jättedyrt.

Det kostar hundratals kronor åka
en kort bit med tåg eller buss.

Att flyga till ett annat land kostar
inte mer än det.

Förverkligar Du dig själv genom
en sådan resa?

Räcker det inte resa några timmar
med tåg eller lika lång tid med ett
flygplan?

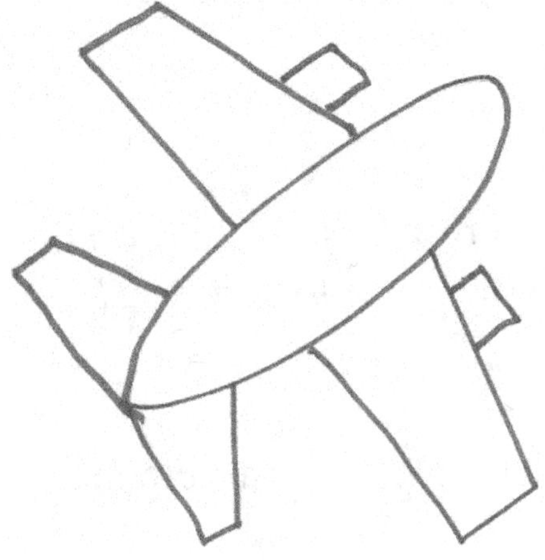

Du är inte ensam om att vilja resa
jättelångt.

Drömmer Du om att resa?

Kan Du resa?

Har Du råd att resa, har Du
pengarna?

Kan Du resa? Har Du familj att ta
hand om som inte kan resa?

Har Du för mycket arbete att
utföra?

Eller är Du sjuk och orkar inte
resa?

Resa är oftast en stress.

Resa kan vara nedbrytande.

Att resa för mycket gör Dig sjuk.

Du kan få högt blodtryck, diabetes, hjärtproblem, högt kolesterol, blodproppar och sömnsvårigheter.

Jag har rest jättemycket, ibland flera flygresor per vecka.

Jag har varit på resa upp till 48 timmar i ett sträck utan att ha en ordentlig säng sova i, jag sov dessa två gånger på ett tåg istället i sovkupé.

Ofta har jag varit på resa 18 timmar i ett sträck utan att övernatta.

Jag har ofta åkt utomlands med flygplan mycket tidigt på

morgnarna och tillbringat 8 timmar
på resmålet innan planet hem lyfter
med mig åter till Sverige.

För mig har det varit ett
självförverkligande, att bli en
resande, att resa extremt mycket
och ofta.

Jag har verkligen njutit av de flesta
resorna men en del resor har varit
jättejobbiga åka iväg på.

Jag har flera tusentals fotografier
från resorna och jag har låtit trycka
flera fotoböcker.

London har jag besökt mer än 40
gånger.

Minnena har jag kvar och det
känns bra.

Jag har också förverkligat mig
själv genom att flytta flera gånger
till olika ställen jag drömt om att
bo på.

Jag har förverkligat mig själv
genom att prova köra turistbuss en
tid, jag har tagit körkort för tung
lastbil.

Jag har utbildat mig på Universitet,
där klarat treårig universitets-
examen och därför sedan fått jobba
med olika uppgifter som jag tyckte
var roliga.

Jag försöker att tänka positivt
eftersom jag blivit sjuk för ganska
många år sedan och det är så att
jag förmodligen inte kan arbeta
igen.

Jag hoppas att Ni läsare kommer
att kunna förverkliga Er själva
riktigt ordentligt, Ni också.

Och jag hoppas Ni tyckt om att
läsa denna bok.

Hoppas också att Ni tycker boken
är tänkvärd och att den väcker
kloka, mestadels positiva tankar
hos Er och även får upp Era ögon
för hur livet och världen är, om Ni
inte redan har tänkt så mycket på
det vill säga.